BOEKANALYSE

AF142091

Fahrenheit 451

· · · · · · · · · · · · · · · · · · ·

Ray Bradbury

BOEKANALYSE

Geschreven door Anne-Sophie De Clercq
Vertaald door Nikki Claes

Fahrenheit 451

RAY BRADBURY

RAY BRADBURY

AMERIKAANSE ROMANSCHRIJVER, SCHRIJVER VAN KORTE VERHALEN, TONEELSCHRIJVER, DICHTER EN SCENARIOSCHRIJVER

- **Geboren in Waukegan (Illinois) in 1920**
- **Overleden in Los Angeles in 2012**
- **Opmerkelijke werken:**
  - *Dark Carnival* (1947), korte verhalenbundel
  - *The Martin Chronicles* (1950), roman
  - *Fahrenheit 451* (1953), roman

Ray Douglas Bradbury was een in 1920 in de Verenigde Staten geboren romanschrijver, schrijver van korte verhalen, dichter en scenarioschrijver. Hij is een van de belangrijkste sciencefiction- en fantasyschrijvers van de twintigste eeuw. Zijn eerste korte verhalen werden in 1938 gepubliceerd in een fanzine en zijn eerste boek, gepubliceerd in 1947, was een verzameling korte verhalen getiteld *Dark Carnival*. Zijn bekendste werken zijn *The Martin Chronicles* (1950) en *Fahrenheit 451* (1953).

Bradbury heeft een ster op Hollywood Boulevard en een prijs die zijn naam draagt: de Ray Bradbury Award for Outstanding Dramatic Presentation. De prijs werd voor het eerst uitgereikt in 1992 en wordt toegekend aan science-fiction werk (film, televisie, theater, radio, enz.).

FAHRENHEIT 451

EEN KIJK OP DE SAMENLEVING

- **Genre:** Sciencefiction roman
- **Referentie uitgave:** Bradbury, R. (1995) *Fahrenheit 451*. Parijs: Denoël.
- **Eerste editie:** 1953
- **Thema's:** literatuur, censuur, macht, vrijheid, opstand, hersenspoeling

Fahrenheit 451, voor het eerst gepubliceerd in feuilletons en vervolgens in 1953 in de Verenigde Staten, is een dystopische roman met een totaal negatieve visie op een toekomstige wereld, die in 1954 de Hugo Award voor beste roman kreeg.

Het vertelt het verhaal van een brandweerman genaamd Montag. Hij leeft in een niet nader omschreven tijd en plaats, in een gestandaardiseerde maatschappij waar het geluk van de bevolking voorop staat en waar beeldschermen die in elk huis aanwezig zijn centraal staan. Eén gevaar bedreigt de sereniteit van de mens: boeken. Boeken hebben de macht om schadelijke gevoelens te veroorzaken en negatieve gedachten op te wekken. Samen met zijn collega's heeft Montag de taak ze te verbranden: 451, in graden Fahrenheit, is de temperatuur waarbij papier vlam vat.

SAMENVATTING

ONTWAKEND GEWETEN

Guy Montag en zijn vrouw, Mildred, voldoen volledig aan het model dat hun wordt voorgesteld. In feite is Montag een speciaal soort brandweerman: met zijn team is hij verantwoordelijk voor het verbranden van de boeken. Alle boeken zijn verboden in de stad: men mag ze niet lezen of bezitten. Ze interesseren ook niemand, want iedereen zit weggestopt in zijn huis met een koptelefoon in zijn oren, gezeten voor de schermen die de muren van zijn woonkamer vullen.

Toch heeft Montag een rebelse neiging die enigszins wordt versterkt door zijn frequente ontmoetingen in de buurt met een vreemde en non-conformistische jonge vrouw, Clarisse McClellan, die graag rondloopt, kletst, nadenkt en vooral leest. Ze deelt haar ideeën met Montag en introduceert hem in de wereld van het lezen, maar het duurt niet lang voordat ze verdwijnt (sommigen zeggen dat ze is overleden). Dus op een dag neemt de brandweerman uit impulsieve nieuwsgierigheid een aantal boeken uit het vreugdevuur dat hij naar buiten moet dragen en verstopt ze in zijn huis, zonder dat zijn vrouw het weet. Vervolgens moedigt hij zijn vrouw aan om een van de boeken die hij heeft meegenomen in te kijken en leest haar tegen haar zin enkele fragmenten voor. Vanaf dat moment voert hij zijn opdrachten steeds met meer tegenzin uit.

Nu stelt Montag regelmatig de structuur van de wereld om hem heen ter discussie, evenals het gedrag van zijn vrouw en collega's, die zich niet bewust zijn van de hersenspoeling waarvan zij het slachtoffer zijn en van de opkomende oorlog.

Gealarmeerd door de reacties van Montag, komt kapitein Beatty tussenbeide en legt de oorsprong en het belang van zijn functie uit: hij heeft nog geen idee van de gevaarlijke weg die hij inslaat.

HET BEGIN VAN DE OPSTAND

Vervolgens hervat Montag het contact met Faber, een gepensioneerde professor Engels die hij een jaar geleden in een park heeft ontmoet en met wie hij in het geheim over poëzie heeft gesproken. Samen zijn ze van plan boeken te herdrukken en Faber voorziet Montag van een oortje waarmee ze permanent in contact kunnen blijven: dit zou zeer nuttig kunnen zijn om het regime te destabiliseren door de brandweermannen te bespioneren.

Beetje bij beetje verdenkt kapitein Beatty Montag ervan dat hij boeken terughaalt. Montag is zich hiervan bewust, maar in een poging de mensen om hem heen bewust te maken, staat hij erop voor te lezen aan vrienden van zijn vrouw, die, gezien zijn woede, akkoord gaan. Later, als Montag in de brandweerkazerne is, realiseert hij zich dat de brandweer wordt opgeroepen voor een nieuwe interventie, gericht op zijn eigen huis. Hij ontdekt al snel dat hij is aangegeven door Mildred en haar vrienden.

Bedreigd door Beatty wordt Montag gedwongen zijn missie uit te voeren en brengt zijn eigen huis in de as nadat Mildred is vertrokken. Hij bedient de vlammenwerper als een robot, maar in een plotselinge uitbarsting van bewustzijn richt hij hem op zijn kapitein voordat hij vlucht.

Nu hij als crimineel wordt beschouwd, wordt hij achtervolgd door de Hound, een half-hond, half-bijenrobot met een angel die doses procaïne (een verdovingsmiddel) injecteert in degenen die hij volgt. Montag slaagt erin de robot te desoriënteren en bereikt met veel geluk de rivier. Hij laat zich meevoeren door de stroom en volgt dan het spoor van een oude spoorlijn.

Hij ontmoet een groep voormalige universiteitsprofessoren, verworpenen van de maatschappij, die in kleine rondtrekkende gemeenschappen langs de spoorlijn leven. Elk van hen kent een tekst uit het hoofd en redt deze zo van de vergetelheid. Wanneer hij zich bij hen voegt, breekt de oorlog uit en verbrandt een bom de stad die Montag achterliet, waardoor de overlevenden hoop krijgen om een andere wereld op te bouwen.

KARAKTERSTUDIE

GUY MONTAG

Guy Montag is dertig jaar oud en woont comfortabel met zijn vrouw Mildred in een van de standaardhuizen in een rustig stadje. Hij is brandweerman: samen met zijn collega's is hij verantwoordelijk voor het verbranden van boeken, wat verboden is. Aanvankelijk vervult hij zijn taak met trots en plezier, in de overtuiging dat hij nuttig is voor de maatschappij. Maar al snel besluit hij boeken te stelen en dankzij die boeken en de gesprekken met Clarisse McClellan wordt hij zich er geleidelijk van bewust dat er een andere wereld mogelijk is. Hij probeert deze mogelijkheden voor te leggen aan zijn vrouw en vervolgens aan haar vrienden, zonder succes. Montag wendt zich tot een vroegere leraar, Faber, die plannen heeft om de ontbrekende delen te herdrukken. Op de dag van zijn laatste interventie moet Montag zijn eigen huis afbranden (een symbool van het leven dat hij daar leidde). Hij doet dat en doodt vervolgens zijn kapitein voordat hij als crimineel op de vlucht slaat en zich aansluit bij een gemeenschap van intellectuelen die teksten uit het hoofd hebben geleerd om ze te bewaren.

We kunnen de evolutie van de hoofdpersoon volgen in drie fasen die overeenkomen met de drie delen van de tekst:

- Om te beginnen is hij een gewone burger die zich er geleidelijk van bewust wordt dat zijn geluk kunstmatig is;

- Hij probeert zijn gedachten te delen en doeltreffend te reageren;

- Tenslotte onderneemt hij actie door te kiezen om vogelvrij te worden.

De naam Montag roept de maan op ('Montag' is het Duitse woord voor 'maandag', de dag van de maan), die over het algemeen verbonden is met water en getijden, en staat tegenover de zon, en dus tegenover het vuur en de vernietigende functie van de brandweermannen. Het ontwaken van het personage is ook verbonden met de maan, aangezien hij in de nacht van zijn eerste ontmoeting met Clarisse naar de maan kijkt en deze voor het eerst echt lijkt te zien. Dit wordt in het eerste deel van de roman vele malen vermeld.

KAPITEIN BEATTY EN DE BRANDWEERMANNEN

De brandweermannen zijn verantwoordelijk voor het vernietigen van elke geschreven tekst en iedereen die hen in de weg probeert te staan. We weten de naam van drie brandweermannen die met Montag samenwerken: Kapitein Beatty, Black en Stoneman. Alle drie zijn ze ervan overtuigd dat hun beroep de orde en het geluk in de samenleving kan handhaven, omdat ze door het verbranden van de boeken alle subversieve ideeën of verstoringen die de vrede van hun medeburgers kunnen schaden, uit de weg ruimen. Bovendien draagt elk van deze drie personages een naam met negatieve onderliggende connotaties.

De kapitein is goed opgeleid: hij kent boeken, heeft er een aantal gelezen en kan ze citeren. Hij gebruikt zijn kennis om

Montag op andere gedachten te brengen wanneer deze in opstand komt en om de werking van de maatschappij te rechtvaardigen.

MILDRED MONTAG

Montag's vrouw Mildred (die hij Millie noemt) is, net als de brandweermannen, volledig gehersenspoeld. Het belangrijkste voor haar is om zich een vierde scherm te kunnen veroorloven dat de laatste overgebleven ruimte op haar huiskamermuur zal bedekken, om zo volledig met de "Familie" (een groep acteurs die virtueel met haar samenwerkt) te kunnen leven. Mildred kan de belangstelling van haar man voor boeken, denken en vrije tijd helemaal niet begrijpen; uit angst geeft ze hem uiteindelijk aan.

CLARISSE MCCLELLAN

Clarisse is een zeventienjarig meisje dat non-conformistisch is, net als de rest van haar familie. Ze gelooft in het belang van de dialoog, de uitwisseling van ideeën, rondtrekken, enz. Daarmee onderscheidt ze zich van de rest van de maatschappij, die opgaat in de techniek. Clarisse neemt contact op met Montag en maakt hem ervan bewust dat het mogelijk is anders te leven, en dat zijn functie als brandweerman zinloos en zelfs gevaarlijk is voor het werkelijke intellectuele en psychologische welzijn van de mens.

Wanneer zij in het boek voorkomt, is de woordenschat vaak gericht op witheid en de maan, wat haar semantisch verbindt met Montag. Haar naam zinspeelt ook op helderheid. Zij en Montag ontmoeten elkaar altijd 's nachts, wanneer de brandweerman thuiskomt van zijn werk, wat de beste tijd is om te dromen, te ontsnappen en na te denken (wat Mildred niet kan weten omdat ze voortdurend verbonden is met een koptelefoon). Clarisse is de tegenpool van Mildred en haar vrienden, die erg gelukkig zijn met de wereld waarin ze leven.

FABER

Faber is, net als Clarisse en Montag, een vrije geest. Als voormalig professor Engels heeft hij zijn liefde voor boeken jarenlang verborgen gehouden door zich in zijn huis te verschuilen. Op een dag ontmoet hij Montag en praat met hem over poëzie. Een jaar later helpt hij Montag het belang van de teksten en hun voortbestaan in te zien.

ANALYSE

EEN DYSTOPISCHE SCIENCEFICTION ROMAN

Fahrenheit 451 werd geschreven tijdens de eerste Gouden Eeuw van de sciencefiction in de Verenigde Staten (1920-1950). Bradbury wordt beschouwd als een van de meesters van het genre, hoewel hij nooit beweerd heeft deel uit te maken van de beweging (hij beschouwt *Fahrenheit 451* als zijn enige sciencefictionroman, de overige werken zijn meer verwant aan het fantasy-genre).

 ## GOED OM TE WETEN: SCIENCEFICTION, FANTASY EN HET WONDERLIJKE

De term sciencefiction wordt gebruikt wanneer een tekst een veranderde werkelijkheid beschrijft, zoals in **Fahrenheit 451**. Romans zoals **Harry Potter behoren tot** de genres fantasy of wonderbaarlijk, omdat ze een onwerkelijke of magische wereld beschrijven. Deze genres worden nog onderscheiden van het fantastische genre, dat een bekende werkelijkheid weergeeft die gaandeweg de vorm van non-realiteit aanneemt en onverklaarbare aspecten vertoont. **De Horla** van Maupassant behoort tot deze categorie.

Fahrenheit 451 is een sciencefictionroman en een dystopie: de auteur stelt zich een samenleving voor die mogelijk is, maar zeker niet ideaal. In zijn tekst krijgt de lezer kritiek op de samenleving van zijn tijd, op onze huidige samenleving en op wat we in de toekomst dreigen te doen. Dit verhaal is te vergelijken met teksten als *Brave New World* van Aldous Huxley (Engels schrijver, 1894-1963), gepubliceerd in 1932 of *1984* van George Orwell (Engels schrijver, 1903-1950), gepubliceerd in 1949.

 ## GOED OM TE WETEN.

1984 is een sciencefiction roman geschreven door George Orwell die een wereld in oorlog beschrijft, geregeerd door drie grootmachten. De auteur beschrijft een van hen, Oceanië, als een totalitair universum gedicteerd door de ijzeren vuist van Big Brother en de Partij.

Brave New World speelt zich af in een toekomstig Londen. De maatschappij is georganiseerd per sociale klasse, rigide en draconisch. Het evenwicht is gebaseerd op de praktijk van de chemische en psychologische conditionering van individuen.

POLITIEKE CONTROLE, CENSUUR EN BOEKVERBRANDING

Bradbury publiceerde zijn roman in 1953, op een moment dat senator McCarthy (1908-1957) een heksenjacht startte tegen communisten en, meer in het algemeen, tegen intellectuelen in de Verenigde Staten. Aan het begin van de Koude

Oorlog bestond er één gedachte en werd het aan de kaak stellen (ondersteund door de omringende paranoia) aangemoedigd om de vrede en de binnenlandse rust te bewaren, zoals in Bradbury's roman.

👁 GOED OM TE WETEN: McCARTHYISME

Het McCarthyisme (genoemd naar de Amerikaanse senator Joseph McCarthy) was een beleid voor het vervolgen en buitenspel zetten van iedereen die verdacht werd van communistische sympathieën in Amerika in de jaren vijftig. Uitgevoerd in een klimaat van psychose en de context van de Koude Oorlog (staat van spanning tussen de Verenigde Staten en de communistische USSR tussen 1945 en 1990), leek het op een heksenjacht.

De tekst kan betrekking hebben op elk totalitair regime: Hitler, China, Korea, enz. Het is daarom altijd relevant, vooral omdat de plot zich afspeelt in een onbepaalde plaats en tijd, maar doet denken aan de nabije toekomst waarin we veel van de genoemde voorwerpen overal om ons heen aantreffen, zoals beeldschermen, metro's, enz.

Inderdaad, censuur, of de beperking (of afschaffing) van de vrijheid van mening en meningsuiting, is een wapen dat alle totalitaire regimes of obscurantisten gebruiken. Het wordt op verschillende manieren toegepast: a priori (vóór publicatie) of a posteriori, impliciet (tijdens het McCarthyisme uitte het zich in dreigementen met afwijzing) of expliciet (bij wet geregeld). In het laatste geval is het duidelijk gericht tegen boeken of afbeeldingen voor religieuze of politieke doelein-den en kunnen de verantwoordelijken strafbaar zijn.

In *Fahrenheit 451 wordt* de censuur tot het uiterste doorge-voerd, omdat het om alle boeken gaat, ongeacht wat ze zijn. Meer dan alleen de inhoud, is het een medium, een expres-siemiddel – datgene wat de cultuur en de ontwikkeling van de mensheid symboliseert – dat ter discussie wordt gesteld. Het feit dat de boeken worden verbrand doet denken aan de praktijk van de boekverbranding, of auto-da-fé (van het Spaanse "auto da fe", wat "geloofsdaad" betekent). Deze praktijk, die in de Middeleeuwen ontstond, bestond uit het verbranden van boeken die als ketters of heidens werden beschouwd. Onder de inquisitie werd auto-da-fé het verbran-den op de brandstapel van degenen die van ketterij werden beschuldigd.

Meer recent organiseerden de nazi's vanaf 1933 ook groot-schalige boekverbrandingen in verschillende Duitse steden (eerst in Berlijn en later in Dresden, Bremen, Frankfurt, München, enz.) Alle boeken waarvan de auteurs dissidenten of Joden waren, werden vernietigd op grote vreugdevuren die ter ere van het regime van Hitler (Duits staatsman, 1889-1945) werden opgericht. De werken van Karl Marx (Duits soci-alistisch theoreticus en revolutionair, 1818-1883), Sigmund Freud (Oostenrijks arts en grondlegger van de psychoana-lyse, 1856-1939), Heinrich Mann (Duits schrijver, 1871-1950), Stefan Zweig (Oostenrijks schrijver, 1881-1942) en Bertolt Brecht (Duits dichter en toneelschrijver, 1898-1956) waren het belangrijkste doelwit van de verbrandingen.

Meer in het algemeen is censuur nauw verbonden met de kwestie van de vrijheid van meningsuiting. Deze kwestie is nog steeds relevant, in alle landen van de wereld, ook binnen democratische regimes:

- In de Verenigde Staten worden in sommige liedjes woorden die de gevoeligheden van jongere luisteraars kunnen beledigen gecensureerd en vervangen door "piepjes";

- Met de komst van nieuwe informatie- en communicatietechnologie zijn sites als Wikileaks (dat anoniem vertrouwelijke documenten publiceerde) een regelmatige bron van controverse;

- In China is het onmogelijk toegang te krijgen tot bepaalde websites, evenals in Cuba en Noord-Korea, waar alle communicatieverbindingen met het buitenland zo goed als verbroken zijn;

- Robert Saviano (geboren in 1979), de auteur van *Gomorra*, een boek waarin de Camorra-operatie (de Napolitaanse maffia) aan de kaak wordt gesteld, heeft na de publicatie van zijn roman doodsbedreigingen ontvangen en leeft nu onder politiebescherming; vele Italiaanse rechters en journalisten zijn reeds geëxecuteerd omdat zij zich over de maffia durfden uit te spreken;

- Veel mensen zijn over de hele wereld gearresteerd omdat zij ideeën hebben geuit die de zittende machthebbers niet aanstaan: zij worden gewetensgevangenen genoemd.

DE MACHT VAN DE MEDIA EN HET VERDWIJNEN VAN BOEKEN

Fahrenheit 451 stelt vragen over politieke en intellectuele dictatuur:

- Ten eerste de politieke dictatuur, want de personages evolueren in een rigide wereld waar afkeuring wordt aangemoedigd, waar bepaalde handelingen streng worden bestraft, waar iedereen hetzelfde moet denken, enz.

- Ten tweede, intellectuele dictatuur, want een van de verboden handelingen is lezen (en het bezitten van boeken). Het is beter om voor schermen te blijven zitten, te luisteren naar de alomtegenwoordige reclame in het openbaar vervoer of met hoge snelheid rond te rijden dan de tijd te nemen om te lezen, na te denken en te discussiëren met medeburgers, wat het gemeenschappelijke denken en dus het universele geluk kan ondermijnen.

De roman werd gepubliceerd in 1953, maar we kunnen een parallel trekken met onze huidige maatschappij. Sinds de komst van de televisie in huis brengt iedereen steeds meer tijd door voor het kleine scherm. De ontwikkeling van computers in de laatste twintig jaar heeft vergelijkbaar gedrag veroorzaakt. Net als in *Fahrenheit 451 worden* voertuigen steeds sneller. Het wordt ook steeds zeldzamer dat mensen zonder hun koptelefoon zitten (of reizen zonder hun mobiele telefoon, een element dat in het boek niet voorkomt).

In deze door media en reclame gedomineerde maatschappij zijn het verleden en de toekomst niet langer relevant:

- Brandweermannen, wier functie het tegenovergestelde is van wat we nu kennen, zijn de oorsprong van hun beroep vergeten;

- Mildred weet niet meer hoe ze Montag heeft ontmoet;

- Mensen geven niet meer om wat hen kan overkomen (oorlog, enz.) omdat ze geen besef hebben van de wereld om hen heen.

Deze alomtegenwoordigheid van media en technologie doet vragen rijzen over het voortbestaan van het boek. Vaak wordt gezegd dat mensen niet meer lezen, dat het boek een bedreigd object is en dat niemand meer in staat is zelf na te denken, informatie te zoeken of ideeën te vergelijken. Sommige intellectuelen (bijvoorbeeld Umberto Eco) benadrukken echter dat lezen een activiteit is die altijd heeft bestaan. Hoewel in verschillende vormen afgenomen, staat lezen niet op het punt te verdwijnen, ondanks de grote aanwezigheid van media. Mediaplatforms ondergaan momenteel vele veranderingen en er zijn steeds meer teksten in digitaal formaat beschikbaar.

VERDERE REFLECTIE

ENKELE VRAGEN OM OVER NA TE DENKEN...

- Wat is de betekenis achter de naam Montag?

- Door hun achternamen kunnen we raden dat Montag's collega's (Black, Stoneman en Beatty) negatieve karakters zijn. Leg uit waarom dat zo is.

- Waarom zijn juist boeken verboden?

- Leg uit waarom deze tekst tot het genre sciencefiction behoort.

- Wat bekritiseert Bradbury met zijn werk?

- Welk verband kan worden gelegd tussen dit werk en het McCarthyisme?

- Kan deze tekst op elk totalitair regime van toepassing zijn? Licht je antwoord toe en geef voorbeelden van landen waar de vrijheid van meningsuiting vandaag de dag nog steeds onderdrukt wordt.

- Vergelijk Bradbury's aanpak met die van *1984* van George Orwell en *Brave New World* van Huxley.

- Welke parallellen zijn er te trekken tussen dit werk en onze huidige maatschappij?

VERDER LEZEN

REFERENTIE-UITGAVE

Bradbury, R. (1995) *Fahrenheit 451.* Parijs: Denoël.

AANPASSINGEN

Fahrenheit 451. (1966) [Film]. François Truffaut. Dir. UK: Anglo
Enterprises.

*We horen graag van jou! Laat
een reactie achter op jouw online bibliotheek
en deel je favoriete boeken op social media!*

De uitgever garandeert de betrouwbaarheid van de gepubliceerde informatie, die echter niet onder zijn verantwoordelijkheid valt.

www.50minutes.com

Master ISBN: 9782808687522
Papier ISBN: 9782808698924
Wettelijk depot: D/2023/12603/1172

Omslag: © Primento

Digitaal ontwerp: Primento, de digitale partner van uitgevers.